NOTICE BIOGRAPHIQUE

SUR

M. L'ABBÉ COHADON

MEMBRE TITULAIRE DE L'ACADÉMIE DE CLERMONT

Lue à l'Académie des sciences, belles-lettres et arts de Clermont-Ferrand
(séance du 7 décembre 1865)

PAR

M. RIGODON

Curé de la Cathédrale.

CLERMONT

FERDINAND THIBAUD, IMPRIMEUR-LIBRAIRE

Rue Saint-Genès, 8-10.

1866.

NOTICE BIOGRAPHIQUE

SUR

M. L'ABBÉ COHADON

MEMBRE TITULAIRE DE L'ACACÉMIE DE CLERMONT.

MESSIEURS,

Invité à rendre ici un suprême hommage à la mémoire du prêtre éminent, qui, homme de lettres et homme d'église à la fois, a si longtemps occupé les premières places et dans les rangs du clergé et au sein de l'Université, je me suis rappelé ces paroles de M. Guizot : Le clergé de France est à la fois docte et actif, associé à tous les travaux intellectuels et à toutes les affaires du monde, raisonneur, érudit et administrateur. Il ne se voue ordinairement, pour ainsi dire, ni à la religion, ni à la science, ni à la politique ; mais il s'applique constamment à les allier et à les combiner. Ces paroles sont vraies, Messieurs ; c'est là le génie du clergé français, parce que c'est le génie de la France, le génie de la spéculation et de l'action combinées. Ce fut le génie de l'abbé Cohadon.

Son caractère propre, c'est le mélange dans sa personne et dans sa carrière de l'élément littéraire et de l'élément ecclésiastique, dans des proportions si égales, que pour le photographier, pour ainsi dire, tout entier, il ne serait besoin que de tracer deux tableaux parallèles des actions, des paroles, des écrits, des fonctions et des dignités par lesquels il se rattacha étroitement, pendant quarante années à la république des lettres en même temps qu'à la société religieuse.

Léger Cohadon naquit au Mont-Dore, sous la République, le dix-sept fructidor an V. Le souvenir de ses montagnes natales l'accompagna partout. A Riom, devenu vieux, il s'était plu à suspendre aux murs de sa salle à manger une modeste galerie de petits tableaux représentant les pics, les sapins et les cascades parmi lesquels s'était écoulée son enfance. L'image de son berceau n'était pas cependant pour lui sans tristesse. A peine sorti des langes, il avait perdu son père et sa mère, l'un en 1801, l'autre en 1803. Orphelin, alors qu'il n'avait pas encore atteint sa sixième année, de qui le tendre enfant était-il fils? Il s'est réservé, Messieurs, de nous l'apprendre lui-même, en nous faisant connaître ses honnêtes parents de la plus touchante manière, comme par une révélation posthume d'une secrète affection et d'une permanente douleur. A sa mort, dépouillant pieusement les papiers de l'abbé Cohadon, sa famille découvrit avec un religieux attendrissement, au fond de son secrétaire, dans un portefeuille rouge, à côté de son acte de naissance, un acte mortuaire de son père et de sa mère, rédigé non par la main du scribe public, ni avec les formules de la loi, ni en vue d'intérêts matériels, mais par la main de l'orphelin lui-même, selon les inspirations de son cœur et comme pieux souvenir. Je transcris pour cette société qui a de l'esprit, parce qu'elle a de l'âme, selon l'expression de Vauvenargues, je transcris cet acte émouvant, afin qu'ayant beaucoup connu l'esprit de notre collègue vous connaissiez également son cœur.

AD MEMORIAM DILECTISSIMORUM

PARENTUM MEORUM DEFUNCTORUM.

REQUIESCANT IN PACE.

Josephus Cohadon pater meus	Joanna Guillaume mater mea
mihi vix è cunis egresso	mihi tenero ad modum, Deo volente,
ereptus die tertia octobris 1801.	erepta 13ª januarii 1803.

(Suit la signature de l'orphelin.)

Je vous le demande, Messieurs, ce que l'orphelin a écrit ainsi sur sa feuille de papier pour rester caché dans ce que sa demeure avait de plus intime, n'est-il pas égal à ce que le deuil a fait inscrire publiquement de plus pieux sur le marbre des tombeaux? D'un tel acte, d'un tel style, je ne crains pas de dire qu'ils sont l'homme.

Léger Cohadon, venu un des derniers parmi ses frères, fut recueilli par l'aîné de la famille. Celui-ci tenait hôtel au Mont-Dore : pour les riches, par industrie; pour les pauvres, par charité. Il logea son jeune frère par tendre commisération, par sympathique affection, et aussi par devoir, ayant sans doute entre les mains l'héritage commun. Cette généreuse famille avait eu un autre hôte que le malheur lui avait aussi donné, un prêtre vénérable du nom de Chadefaud, qui, dans la tourmente révolutionnaire, avait accepté un abri loin des villes et de tous les lieux plus accessibles, au centre même de nos montagnes, sous le toit et sous la garde assurés des Cohadon. L'abbé Chadefaud devint naturellement le premier maître du fils de ses bienfaiteurs. Ses soins ne furent pas inutiles, comme le disait plus tard l'abbé Cohadon de son évêque, en décrivant la première éducation de Monseigneur de Dampierre dont il prononçait l'oraison funèbre dans un de nos établissements d'instruction publique, un bon naturel, un vif amour de l'étude, une application constante amenèrent d'amples succès.

L'abbé Lassourde, curé de Murat-le-Quaire et oncle de l'enfant, s'en chargea à son tour. L'horizon, les ruines, l'histoire de Murat-le-Quaire firent sur la vive imagination du jeune Léger d'ineffaçables impressions. En 1842, dans son beau travail sur le château dont la plate-forme avait servi d'observatoire à sa jeunesse, il s'écrie tout ému au souvenir du fort de la roche Vendeix : *La terre même qui le porta est muette, elle n'a conservé aucune empreinte de ce repaire qui fut souillé de sang et de carnage. La providence a vengé l'humanité en dispersant jusqu'au dernier grain de poussière de l'asile du crime et du meurtre.* Par opposition, il consacre à la mémoire des derniers seigneurs de Murat ces lignes touchantes : « Les

» deux nobles époux conservèrent à Murat les traditions de
» bonté et de générosité qu'avaient laissées les seigneurs leurs
» prédécesseurs. Madame de Saint-Polgne surtout était une
» femme des plus accomplies. Toute la population des mon-
» tagnes l'aimait et la chérissait comme une mère tendre,
» comme une bienfaitrice charitable. Il était impossible d'ap-
» procher d'elle sans admirer tout ce que la vertu a de plus
» beau et de plus imposant, sans être pénétré de respect pour
» le caractère le plus généreux que la Providence ait créé. »
Il faut le reconnaître, Messieurs, c'était pour l'âme d'un enfant une bonne fortune, que de se développer en des lieux où
était encore répandu le parfum de tant de vertus dans un si
haut rang.

Au bout de quelques années, Léger vint à Clermont suivre,
en qualité d'externe, les cours du Lycée. En 1814, il ter-
minait avec éclat sa rhétorique. Un certificat du proviseur,
M. Morin, atteste combien il s'était distingué. Cette pièce
conservée avec un soin religieux par l'abbé Cohadon, dans ses
archives intimes, à côté du monument élevé par lui à la mémoire de ses parents, atteste aussi combien, pendant son passage au collége, il avait aimé ses études et ses maîtres, comment il les avait regardés, selon la belle expression de Quin-
tilien, comme les mères et les pères de son esprit.

Appelé au service des autels, il entra au séminaire de Mont-
ferrand pour y faire ses cours de philosophie et de théologie,
sous les enfants d'Ollier, comme il les nommait de préférence
dans ses discours avec cette emphase qui lui était un peu fa-
milière. C'étaient les prêtres de la vénérable compagnie de
Saint-Sulpice dont il se plaisait à louer la science et les vertus. On distinguait alors parmi eux un saint et grand théolo-
gien, M. Bouillaud, dont le nom est encore en honneur parmi
les lévites et les prêtres de notre diocèse.

A partir de cette époque, l'abbé Cohadon se dessine. Dieu
et les lettres, voilà sa vocation. Dans le portefeuille dont je
vous ai parlé, il a, sans y songer, renfermé et comme mis
en ordre les éléments de la biographie que je vous offre en ce

moment : je pourrais dire que son portefeuille est sa biographie faite par lui-même. On l'y trouve et on l'y voit tout entier, homme de lettres et homme d'église, l'un et l'autre en même temps, et l'un autant que l'autre. Ses lettres d'ordination y figurent à côté de son diplôme de bachelier. En 1819, la tonsure. En 1822, les ordres mineurs. La même année, le sous-diaconat et le diaconat. En 1823, la prêtrise. Il se voue durant les mêmes années à l'éducation de la jeunesse, il est à Paris préfet des études au séminaire de Notre-Dame des Champs et au collége Stanislas, sous le célèbre abbé Liautard ou chez M. Andrieux; à Clermont, il professe la seconde au collége royal avant d'être diacre. Aumônier dans cet établissement en même temps que professeur, nous le voyons toujours le même, avec sa double tendance et sa double consécration aux lettres et à l'Eglise maîtresse et mère des lettres modernes, à tel point qu'on ne saurait dire à qui précisément il appartient et qui a eu son amour, ses soins, son temps, sa vie, ou de l'Eglise ou des lettres.

Il est remarquable que ses premières fonctions furent littéraires et non ecclésiastiques. Il débuta non dans les paroisses mais dans les colléges, à Paris et à Clermont. Dans cette dernière ville, ses fonctions de professeur de seconde précédèrent celles d'aumônier. Ce qu'il fut dans ces fonctions diverses, M. Liautard nous l'apprend dans un témoignage authentique : régulier dans sa conduite, zélé au maintien de l'ordre, apte aux sciences ecclésiastiques et littéraires, d'une piété fervente et d'une grande habileté à inculquer les sentiments de la piété.

Son avancement se fait d'abord dans la carrière des lettres profanes et dans l'université. En 1826, un arrêté de Monseigneur Frayssinous, alors ministre de l'instruction publique, le nomme principal et régent de rhétorique au collége mixte de Brioude. Mais, là, il est aussi régent de religion. Résumant dans sa personne l'élément universitaire et l'élément ecclésiastique, personnage mixte en quelque sorte comme le collége dont il est le chef, l'abbé Cohadon y fait si bien l'office de prêtre en même temps que de régent de rhétorique, qu'à l'occasion de son départ de cette maison, l'illustre évêque du Puy, Monseigneur de Bonald lui écrit une lettre d'adieux et d'éloges, trop honorable pour l'abbé Cohadon, au point de vue du talent, de la gravité et surtout de la maturité précoce, pour que nous ne la reproduisions pas en entier.

« Monsieur l'abbé,

» J'ai appris avec une grande peine que Monseigneur l'évêque de Clermont vous rappelait dans son diocèse. Vous avez mis le collége de Brioude sur un bon pied et laissé à vos successeurs des exemples qu'il est bien à désirer qu'ils suivent. Recevez tous mes remercîments pour tout le bien que vous avez fait dans mon diocèse, et croyez que nous en conserverons une grande reconnaissance. Les succès que vous avez eus sont le gage de ceux que vous allez avoir. Vous allez remplir une mission plus importante et plus difficile. J'espère que Dieu bénira vos efforts. »

Cette mission importante et difficile confiée à un homme de vingt-neuf ans, c'était de succéder, dans le célèbre collége de Billom, la plus ancienne de nos écoles, aux Jésuites de nouveau bannis. L'entreprise était considérable; mais elle n'était pas au-dessus des forces de l'abbé Cohadon, et elle était de son goût. Relever un collége d'un passé glorieux et continuer les Jésuites, si savants et si lettrés, c'était précisément allier toujours l'Eglise et les lettres. Le succès fut éclatant; en quelques semaines le collége de Billom fut réorganisé. Une délibération du bureau administratif de ce collége constate que de suite une nouvelle ère de prospérité s'était ouverte. Mais la législation de cette époque avait ses exigences : il fallut se retirer devant elles.

Econduit, non par l'insuccès, mais par les ordonnances de 1828, l'abbé Cohadon, sous la protection de MM. de Lastic et de Féligonde, alors membres de nos assemblées législatives, qui le recommandèrent à M. de Vatisménil, ministre de l'instruction publique, retourna à l'Université. M. de Vatisménil disparut avec le ministère de Martignac, sans avoir pu opérer son rapatriement. Mais son successeur, M. de Montbel, nomma l'abbé Cohadon aux fonctions de proviseur du collége royal de Poitiers, le 22 septembre 1829.

L'abbé Cohadon n'avait alors que trente-deux ans. Pas d'avancement plus rapide, ni plus précoce. On le voit, à vingt-deux ans, préfet des études au collége Stanislas ; trois ans après, professeur de seconde au collége de Clermont ; quatre ans après, principal à Brioude ; deux ans après, directeur à Billom ; un an après, proviseur à Poitiers. Ce fut son bâton de maréchal dans l'Université.

Commencée dans une chaire d'humanités, sa brillante carrière s'acheva précipitamment dans la première dignité des colléges, le provisorat. En peu de temps, il eût été à Poitiers ce qu'il avait été à Clermont, à Brioude, à Billom, mais avec la grandeur que l'on acquiert sous l'influence fécondante des grandes situations. La révolution de Juillet qui renversait les rois renversait aussi les proviseurs. Elle rompit brusquement les liens de l'abbé Cohadon avec l'Université et le rejeta en Auvergne.

Bien que, pendant plusieurs années, il eût paru s'éloigner de plus en plus du service direct des autels, les yeux de son évêque étaient restés fixés sur lui et ne l'avaient jamais perdu de vue. Au lieu de l'important collége de Poitiers, Monseigneur de Dampierre n'eut à lui offrir que la cure relativement bien modeste du Mont-Dore. Mais c'était son pays. Cette nomination, d'un sentiment délicat, était une éclatante marque de confiance ; l'abbé Cohadon avait été si bien prophète à Paris, à Clermont, à Brioude, à Billom, à Poitiers, que l'évêque pensa qu'il le serait même au Mont-Dore. Le Mont-Dore, avec son chef-lieu habituellement si restreint, avec ses hameaux dispersés, avec ses toits de chaume, alors si nombreux, c'était à vrai dire un village. Cependant, l'été, il s'improvisait là, autour des thermes, et sous les auspices du célèbre docteur Bertrand, une ville brillante et polie dont les destins n'étaient que de trois mois, mais qui se renouvelait chaque année.

L'abbé Cohadon débutait donc, comme curé, en même temps
à la campagne et à la ville. Par son talent, il était, durant la
saison des eaux, à la hauteur de la ville éphémère qu'il évan-
gélisait éloquemment, au moins tous les dimanches. Le reste
de l'année, au milieu des frimas, vrai curé de campagne, seul,
sans coopérateur, exerçant la charité et le zèle, ne se laissant
rebuter, ni par les aspérités des chemins, ni par les neiges
amoncelées, il entendait bénir son nom jusque dans les retraites les plus impénétrables des monts qui l'avaient vu naître.
Il ne sera pas superflu de noter que, cédant toujours à son
penchant pour l'enseignement, le proviseur de Poitiers, plutôt
que de ne pas enseigner, faisait l'école au Mont-Dore.

Mais il était dans sa destinée de ne s'arrêter nulle part.
Dans les années que nous venons de parcourir, rien de plus
mobile, de plus ondoyant que sa vie. Il en fut de même longtemps encore. Le 14 janvier 1833, il est nommé supérieur du
Petit-Séminaire diocésain. Pas de choix plus heureux. Ancien
principal et ancien proviseur, l'abbé Cohadon était désigné de
toutes parts pour la direction de cet établissement. Il devait
être satisfait. Sans sortir du sanctuaire, ou plutôt y étant ren-
tré, il reprenait sa place dans la république des lettres, et
trouvait ainsi l'unité de sa vie. Cette situation ne dura que
deux ans, mais elle fut des plus brillantes. L'administration
et les leçons de l'abbé Cohadon excitaient également un véri-
table enthousiasme. Jeune alors et lévite au Grand-Séminaire,
je me rappelle que ceux d'entre nous que leurs fonctions appe-
laient au Petit-Séminaire, en revenaient tout remplis d'admiration.

D'un établissement à l'autre, dans ce petit monde d'élèves
et de clercs, l'abbé Cohadon était le héros acclamé de toutes
les conversations. Au dehors, cette admiration était devenue
contagieuse. Ses discours de distribution de prix attiraient un
auditoire d'élite. Le clergé affluait de tous côtés. On applau-
dissait à outrance. Mais les grands succès ont leurs dangers et
la popularité son ivresse. L'œuvre de la discipline des collèges
se concilie mal avec l'enthousiasme. L'amour des élèves avait

trop amolli le cœur du maître. Le nerf du commandement s'échappait de ses mains, et les entraînements d'une popularité excessive vinrent faire de sa retraite une nécessité. Il nous reste de cette époque de sa vie deux beaux monuments littéraires, ses deux discours pour la distribution des prix, prononcés l'un en 1833, l'autre en 1834. Le premier surtout mérite d'être remarqué : c'est une magnifique oraison sur ce qui était son thème favori et comme le poème de sa vie, l'alliance de la religion et des lettres. Il y faisait l'histoire de l'influence du christianisme sur les lettres; il trouvait dans la nature et le caractère propre de la religion et des lettres la raison philosophique de leur affinité et de leur nécessaire connexion. Cherchant à faire ses élèves à son image, il les invitait à joindre à la vertu la culture des lettres qui ornent l'esprit. Il célébrait cette culture comme l'apanage de la religion et comme un moyen puissant pour elle de conquérir les esprits et les cœurs.

Ce discours, du reste, avait été de la part de l'abbé Cohadon un acte de bon goût et de haute convenance : Monseigneur de Dampierre venait de descendre dans la tombe. Le supérieur du Petit-Séminaire pensa qu'il devait substituer de graves paroles à ces représentations innocentes, morales même, mais trop enjouées pour des jours de deuil, par lesquelles les jeunes lauréats avaient coutume, disait-il, de préluder au moment fortuné de la victoire.

C'est ici le lieu de faire remarquer que ce sujet de l'alliance de la religion et des lettres portait bonheur à sa plume. Je ne sais rien de mieux écrit qu'un long passage d'une de ses études sur notre pays, où il célèbre les Bénédictins. Je n'en citerai que quelques mots :

« Peu à peu, dit-il, l'amour des lettres s'introduisit dans les monastères : on transcrivit les chefs-d'œuvre des anciens. On forma des bibliothèques de manuscrits, et, en peu de temps, les asiles de la prière devinrent les vrais ateliers du savoir. Bède réveille les études en Angleterre; Alcuin, attiré par Charlemagne, souffle sur la France le feu de la science. Raban Maure en fait jaillir sur l'Allemagne les premières étincelles.

Désormais les cloîtres se peupleront d'hommes adonnés aux exercices de l'esprit, aux occupations scientifiques. »

Libre pendant quelque temps, l'abbé Cohadon fut invité à prêcher deux Carêmes, l'un à Lyon, en 1836, dans l'église de Saint-Bonaventure, l'autre à Rodez, en 1837, dans la Cathédrale. A Lyon et à Rodez, il fit sensation. A Saint-Bonaventure, le concours fut immense. Un de ses auditeurs, dans une lettre assez originale, se plaignit à lui-même de ce que l'éclat de sa voix trop tonnante, le rendait difficile à entendre pour la foule d'hommes de tout âge accourus de tous les points de la cité autour de sa chaire. La force de l'organe de l'abbé Cohadon était, en effet, une de ses puissances, et il était dans ses habitudes de le faire éclater. Son genre, en chaire, c'était la grandeur. D'une abondance extraordinaire, large, solide, brillant, élevé, il se complaisait dans les mouvements pathétiques, et alors l'idée, l'expression, l'attitude, le geste, la voix, tout en lui respirait la majesté. Un membre du parquet de Riom l'avait parfaitement défini, en lui disant, pour lui demander un sermon de charité au nom d'une Conférence de Saint-Vincent-de-Paul : « Que votre éloquente voix, que la parole du Dieu de charité, si puissante et si majestueuse dans votre bouche, viennent se faire entendre. »

Comme il avait paru en chaire alors que la France était encore tout émue du souvenir des excès sanglants de 1793, il avait contre cette époque des accents indignés où se peint parfaitement sa grande et puissante manière. « Le puits de l'abîme, s'écriait-il, dilate sa bouche immense pour souffler sur la terre l'esprit de vertige et d'erreur. La tempête éclate au loin avec violence. L'anarchie lève sa tête hideuse et se proclame souveraine ; les trônes tombent, les autels s'écroulent, les pierres du sanctuaire sont dispersées, et la patrie se couvre de ruines et de débris. O peuples ! pourquoi ces étranges bouleversements et ces cris exécrables de fureur et de délire ? Que peuvent pour le bonheur que vous cherchez ces décombres amoncelées et ces trophées ensanglantés ? Le bonheur est dans l'ordre, dans l'union et la soumission aux lois divines et humaines. »

Cette solennité de ton était si naturelle chez lui, qu'il la portait jusque dans le récit des choses familières. Dans son oraison funèbre de Monseigneur de Dampierre, qui, transformée en éloges, lui servit de discours pour son installation à l'Académie de Clermont, à propos de la bonté du prélat, il se met en scène, et nous raconte ainsi un fait touchant mais simple : « Ils ne s'effaceront jamais de ma mémoire, ces jours où le pontife ne dédaigna pas d'accepter la modeste hospitalité que je lui avais offerte dans la maison de mes humbles parents. Il me semble les entendre encore les paroles qu'il m'adressait pour modérer l'empressement si naturel d'un jeune prêtre, fier de recevoir son évêque et tourmenté par la crainte que la réception ne soit pas digne d'un hôte si illustre. Il me disait comme le Sauveur à Marthe : Pourquoi tant vous agiter ? Restez auprès de moi. L'on croirait qu'il n'est pas facile de recevoir un évêque, et vous me feriez tort. »

A Rodez, on l'attendait avec une impatience qui dénote l'estime qu'avait pour son talent un juge consommé dans l'art de bien écrire et de bien prêcher, Monseigneur Giraud, l'ami et le confident de l'évêque, M. l'abbé Debord, qui avait négocié avec l'abbé Cohadon pour le carême de Rodez, lui écrivait : « Je profite, mon cher ami, de l'obligeance de M. l'abbé Cassan qui se rend auprès de Mgr l'évêque de Chartres, son oncle, pour vous dire que votre dernière a fait un plaisir indicible au bon prélat de Rodez. Après en avoir pris lecture, il m'a dit peut-être vingt fois dans la journée : quel service vous m'avez rendu ! Je vous en aime davantage. Depuis, à tous les grands personnages qui viennent le voir, il annonce que c'est vous qui prêchez le prochain Carême.

Avant d'inviter l'abbé Cohadon, le prélat avait eu un scrupule : il n'avait que 600 francs à offrir, comme honoraires, au prédicateur, et il hésitait à lui proposer son Carême. Ne savez-vous pas, lui dit alors l'abbé Debord, que M. Cohadon court après les bonnes œuvres et non après l'argent. Il avait raison. Le désintéressement de l'abbé Cohadon était extrême. Il a tant couru, vous le savez vous aussi, tant couru après les bonnes œuvres, et, si peu après l'argent, qu'à la fin de sa vie les bonnes œuvres s'opéraient toujours, tandis que l'argent faisait défaut.

Sa réputation s'étendait dans les diocèses qui confinent aux nôtres. Les séminaires de Felletin et de Servières lui demandèrent des retraites pour leurs élèves ; il avait le don d'électriser pour le bien les jeunes âmes. Rien de plus touchant que les aveux et les compliments qu'il en recevait à la fin de ses travaux apostoliques. Les jeunes enthousiastes se comparent fièrement à des cèdres du Liban que sa parole a brisés. A leur componction, on dirait des pécheurs tirés du fond même de l'abîme. L'un d'eux lui écrit en vers :

> Oui quand, prêtre inspiré, sur d'invisibles ailes,
> Tu t'envolais sonder les ombres immortelles
> De l'insondable éternité, l'enfer m'épouvantait
> Avec ses grands supplices,
> Comme aussi me charmaient les sublimes délices
> Que verse la divinité.

Un autre lui disait dans la même langue :

> Tu parlais, et soudain dans ton regard de flamme,
> Du Très-Haut irrité s'allumait le courroux,
> Et la crainte et l'espoir se heurtaient dans notre âme,
> Et nous tremblions à tes genoux !

En Auvergne, dans le clergé, sa popularité était grande. On était fier de ses talents, de sa renommée, et il plaisait par la rondeur de son caractère, par la verve et le sel gaulois de sa conversation. De tous côtés, on l'invitait à prêcher des stations, des bénédictions d'églises ou de cimetières, des plantations de croix, des baptêmes de cloches, des réunions de charité ; il était l'orateur de toutes les circonstances solennelles.

En 1833, il avait été fait chanoine honoraire ; en 1837, il fut nommé à la cure du Bourg-Lastic. C'était envoyer une seconde fois le prophète parmi les siens et témoigner de nouveau de la confiance que ses lumières, son zèle et le prestige de sa réputation inspiraient. Sa famille nombreuse et considérée s'étendait en effet sur toute la montagne du Mont-Dore à La Tour d'Auvergne, de Latour au Bourg-Lastic, du Bourg-Lastic jusque dans la Corrèze, où un de ses membres était président au tribunal d'Ussel. Aux jouissances de la famille, aux devoirs de son ministère, l'abbé Cohadon mêla à cette époque les labeurs et les satisfactions de la vie d'érudit.

Cet érudit était poète. Il faisait des vers latins, et il les faisait charmants. La finesse et la délicatesse de son esprit se complaisaient alors dans la miniature. Il célébrait une fleur, un petit chat, un rossignol. Mais surtout, il était épris de l'amour des choses locales. Un de ses amis lui écrivait de Lyon : « Je vous vois d'ici environné de vieux in-folios, de manuscrits, de bouquins destinés à exhumer à vos yeux tous les faits, tous les monuments, tous les personnages dont se compose l'histoire de l'ancienne et illustre église de Clermont.

Comme la plupart d'entre vous, Messieurs, comme M. Bouillet en particulier son bon et fidèle ami, l'abbé Cohadon avait ce que M. Gladstone était tenté, il y a quelque temps, au banquet du lord-maire, d'appeler le génie sacré de la localité. Le puy de Préchonnet qui domine le Bourg-Lastic, l'ermitage de la Cellette caché dans un des plis du vallon qui l'avoisine, un peu plus loin, parmi les hauts sommets, la cime sur laquelle est bâti Murat-le-Quaire le frappaient par leur physionomie comme par leur histoire.

Érudit et poète, l'abbé Cohadon entreprit de raconter et de décrire. En 1841, il publia dans les Tablettes historiques, sur les lieux que je viens de citer, des notices pleines d'un intérêt et d'un charme dont chacun de vous a pu se convaincre en les lisant. A mon avis, le grand côté du talent de l'abbé Cohadon, c'est l'érudition. Qu'on lise ses notices sur les châteaux de Mont-Redon, de Busséol, de Saint-Saturnin, sur les monastères de Mozat, de Chantoin, de Saint-Alyre, et l'on partagera ma persuasion.

Une manière concise, sérieuse, élevée, comme on l'a si bien dit, digne à tous égards des Bénédictins, les plus savantes recherches, une abondance incroyable, de la sagacité, le don de discuter et le don de décrire, tout fait de ces monographies diverses, comme de sa dissertation sur les lieux de la naissance, de la mort et de la sépulture de saint Amable, interrompue par sa propre mort et sa propre sépulture, autant d'exemples et de modèles. Dans la dissertation dont je vous parle, quel admirable commentaire sur ces paroles de saint Grégoire de Tours touchant son célèbre prédécesseur : *Amabilis quidam vici Ricomagensis presbyter*. Je crois devoir le citer : Par ce mot presbyter, il faut entendre un curé, un recteur de paroisse. C'est dans ce sens que l'emploie toujours l'évêque de Tours : *Presbyter vici Vibriacensis*, pour désigner un curé de Vieille-Brioude. C'est dans le même sens que l'employaient les conciles et les Pères des premiers siècles. *Presbyteri qui in parochiis constituti sunt*. Il n'y avait point alors de prêtres sans charge d'âmes. Un prêtre était établi pour remplir toutes les fonctions curiales qu'on désignait ainsi : *tingere*, purifier, *docere*, instruire, *offerre*, offrir le sacrifice. Évidemment saint Amable a été curé de Riom.

C'est ici le lieu, continue-t-il, selon son habitude de toucher par surabondance à tout ce qui se trouve dans le voisinage de son sujet et de son but principal, c'est ici le lieu de relever le mot *vici Ricomagensis*, que les adversaires ont toujours affecté de traduire par village. Riom n'était pas un village, mais une ville secondaire. Que l'on consulte les Glossaires, on verra qu'au cinquième siècle *vicus* signifiait une ville dépendante d'une autre, une ville où il n'y avait pas d'évêque. La ville principale s'appelait *civitas*, les villes de second ordre, *vicus ;* les villages, les fermes, les hameaux : *pagus, villa, domus.*

Grégoire de Tours désigne le prêtre du village d'Issac par ces mots : *Presbyter domus Iciacensis*. C'est sans doute cette dernière dénomination de *domus* qui fait qu'en Auvergne il y a tant de hameaux dont le nom commence par la préposition chez. Expliquons Grégoire de Tours par lui-même. En parlant de l'invasion de l'Auvergne par Childebert, il dit que Thierry vint camper dans le faubourg de Clermont. *In vici illius suburbano castra fixit*. Il dit ailleurs pour désigner Paris : *Tumultus erat in vico Parisiorum*. Cependant qui ne sait que Clermont et Paris ne sont pas des villages ? Peutinger, dans sa table itinéraire, se sert aussi de *vicus* pour indiquer une ville.

Quelle richesse, Messieurs, et en même temps quelle concision ! peut-être aussi quelle fine ironie ! Par cette manière de disserter nous pouvons, sans jamais avoir assisté aux leçons de l'abbé Cohadon et sans consulter ses anciens disciples, nous représenter combien son enseignement fut docte, clair et piquant. Comme orateur, je le trouve puissant, je l'ai dit. Mais, à mon humble avis, il a peut-être trop de réminiscences des auteurs et des formes classiques. Je le trouve aussi d'un caractère trop traditionnel pour ainsi dire, et manquant de cette originalité que semblent donner aux productions de l'éloquence et à toutes les œuvres de l'esprit humain, les idées nouvelles et les formes neuves de notre temps. Mais comme érudit, à l'exception du nombre et de l'étendue des œuvres, je ne sais pas s'il lui manque quelque chose de ce qui a fait les maîtres de la science. Dans la dissertation dont je me suis permis de vous citer un si long passage, parce que j'y retrouvais toutes les qualités de la haute critique, il n'a pas été au-dessous de Savaron lui-même avec qui il n'a pas craint d'entrer en lice sur les faits relatifs à saint Amable.

Après la publication de ces travaux, il fut jugé digne de faire partie de l'Académie de Clermont. En 1842, une flatteuse lettre de M. Thévenot lui annonça que cette compagnie venait de lui ouvrir son sein, et l'invita à venir s'asseoir souvent au milieu de ses savants collègues. C'était pour lui un honneur et une joie ; il conçut pour cette compagnie une reconnaissance et un attachement inviolables.

L'Académie de Clermont n'avait pas dérogé en appelant l'abbé Cohadon dans ses rangs. Il avait tous les dons variés d'un académicien d'élite. Ses notices en font foi ; elles sont en même temps de l'histoire, de la géographie, de la statistique, des dissertations, des légendes, des paysages, des pages de philosophie.

De l'histoire ! comme il la condense pour ainsi dire ! Jugez-en par cet exemple : La seigneurie de Busséol eut toujours les mêmes maîtres que le comté d'Auvergne. Elle fut donc, depuis 1229, successivement possédée par Guillaume X et ses descendants, parmi lesquels on compte Robert V, qui recueillit le comté de Boulogne du chef de sa mère, Alix de Brabant, et le réunit au comté d'Auvergne ; Guillaume XI, Robert VI, Robert VII, surnommé le grand comte ; Guillaume XII, Guy d'Auvergne, cardinal de Boulogne, qui eut son mausolée dans l'abbaye du Bouschet ; Jeanne Iere, comtesse d'Auvergne et de Boulogne, qui, veuve de Philippe de Bourgogne, épousa Jean, duc de Normandie, depuis roi de France, et fut sacrée avec lui à Rheims ; Jean II, surnommé le mauvais mesnagier, c'est-à-dire le dissipateur ; Jeanne II qui, à douze ans, épousa le fils du roi Jean, le duc de Berry, qui avait 60 ans, et ainsi pour toute la suite des seigneurs de Busséol. Autant, Messieurs, pour les autres grandes familles de l'Auvergne, les Mont-Gacon, les Langeac, les Beauvais, les Rochefort qu'il traitait comme des dynasties royales ; sur les Latour d'Auvergne, qui avaient *donné une reine à la France, un prélat au siége de Clermont, et un héros au siècle de Louis XIV,* il était intarissable !

Des paysages ! La description de la cascade de la Vernière est un tableau achevé : « C'est une nappe d'eau argentée, qui d'abord s'élargit sur un rocher haut de six à sept mètres, puis se divise par la rencontre d'aspérités proéminentes, se ramifie, glisse par soubresauts onduleux, et s'épanche dans un bassin, d'où elle sort pour redevenir ruisseau et couler sous les aulnes qui ombragent son lit. La nature a placé dans cette enceinte une variété d'accidents qui ravissent d'admiration. Deux rochers aigus se dressent de chaque côté de la cascade comme deux obélisques recouverts de mousse ; au-dessus de l'eau, le sorbier et le sureau étalent leurs fruits à grappes rouges et noires. Plus haut, s'élève un magnifique amphithéâtre de sapins. Un ciel azuré sert de dôme à cet asile mystérieux. On se croit transporté dans un de ces bois sacrés tant chantés par les poëtes de l'antiquité. »

Des pages de philosophie ! Le présent de l'Auvergne se mêlait souvent au passé dans ses considérations. Il parlait en même temps de nos ruines et de nos progrès. Quoi de plus beau que ces réflexions morales qui terminent son travail sur le château de Murat-le-Quaire : « La terre et la seigneurie de Murat ont subi le sort de toutes les choses humaines. Le temps et les événements ont tout changé, tout morcelé, tout déplacé. Le temps aussi, il faut le dire, et les événements, ont introduit des améliorations sensibles, des développements utiles. C'est un spectacle bien solennel, que de contempler ce mouvement qui s'opère sur notre terre par une action incessante et cachée. L'œuvre des siècles est un mystère profond, bien propre à nourrir l'esprit de pensées graves et sérieuses. Il n'est pas un agent aveugle, mais il obéit à une puissance intelligente, ce temps qui de la même main qui brise tout, relève, répare et donne une nouvelle vie. »

Dans ses chroniques, il s'abstenait de faire de la politique. « Elle nous est étrangère, disait-il ; le chroniqueur doit s'interdire toute tentative dans ce domaine, où il est si difficile de poser le pied. Dans nos excursions, nous rencontrons des ruines imposantes et majestueuses, et nous nous contentons de leur demander des souvenirs. Nous reconstruisons le passé ; nous ne le soumettons pas à notre contrôle. » Mais la bienfaisance ne lui était pas étrangère, et il aimait à poser le pied dans son domaine toutes les fois qu'il en retrouvait les traces. Vous avez entendu ce qu'il a dit de Mme de Saint-Polgne, la descendante des La Tour d'Auvergne ! Il disait des de Broglie, au sujet de Mont-Redon : « La famille de Broglie a laissé dans ces contrées de nobles souvenirs de générosité et de bienfaisance : la comtesse de Broglie fonda, en 1700, un hôpital à Besse. » Au sujet du château de Préchonnet, il faisait ce bel éloge des comtes de Langeac. « Cette famille a subi le sort de tout ce qui est périssable, elle s'est éteinte au milieu de la tourmente révolutionnaire ; mais les souvenirs de bonté et de bienfaisance qu'elle a laissés sauveront son nom de l'oubli. Le dernier comte de Langeac a pourvu à la durée de son nom, en léguant par testament aux pauvres de sa terre de Préchonnet une rente annuelle et perpétuelle. Heureux ceux qui fondent la grandeur sur la générosité! Cette base est à l'épreuve de tous les événements. »

De tels travaux, une telle portée, un si long et si honorable passé, soit dans l'Université, soit dans l'Eglise, le désignaient nécessairement de plus en plus pour les grands postes. En 1843, et de nouveau en 1844, il faut le dire en passant, grande tentation au presbytère du Bourg-Lastic. La littérature venait frapper à la porte. D'entraînantes lettres de M. Mouillard, adjoint de Billom, remplissant les fonctions de maire avec une vive intelligence des intérêts de son pays, et de M. l'abbé Mitraud, si capable de présider heureusement à lui seul aux destinées d'un collége, provoquaient le retour de l'abbé Cohadon à Billom. Il résista, et, quelques temps après, il fut promu à la cure de Saint-Amable.

Il trouva à Riom un milieu où il ne fut pas déplacé. Une cour savante et lettrée, une société polie, un peuple religieux, voilà Riom. Le nouveau curé de Saint-Amable ne le cédait à personne pour l'érudition. Dans l'exercice du ministère de la parole, il ne paraissait pas sans honneur à côté d'un barreau et d'un parquet renommés qui comptaient alors bon nombre d'hommes éloquents. Pour ce qui est des rapports avec le monde, ce n'était ni son goût, ni, à un certain degré, son office, ni peut-être son aptitude. Il sortait peu. L'Eglise et le cabinet l'absorbaient. Son zèle pour les œuvres de son ministère était grand, soutenu, fructueux. Il y alliait toujours le service des lettres. C'était une bonne fortune pour lui de trouver de temps en temps quelques enfants intelligents qu'il pût encore instruire pour le sanctuaire et même pour la vie civile. Essentiellement et toujours classique, si je puis m'exprimer ainsi, il avait sa Messe du Saint-Esprit pour la rentrée générale des écoles de sa paroisse. Il présidait avec ferveur les distributions de prix; il y faisait encore des discours, heureux alors comme dans son élément. Mais où il excella comme curé de Saint-Amable, ce fut dans les prédications faites le dimanche, de grand matin, aux servantes et aux nombreux agriculteurs de sa paroisse, au peuple enfin, dont il paraissait se préoccuper de préférence dans son administration paroissiale, et dont il avait généralement gagné le cœur.

Il n'était à Riom que depuis trois ans lorsque la révolution de 1848 éclata. Quelque opinion que l'on ait de cette participation du clergé à la politique dont parle M. Guizot dans le passage que j'ai cité en commençant, il est juste de reconnaître qu'en thèse générale le clergé, comme les autres corporations de l'Etat, comme tout le monde d'ailleurs, a le droit de se mêler des affaires de son pays. Il serait difficile de soutenir le contraire de notre temps, surtout avec nos idées d'égalité et notre système de suffrage universel. Quoi qu'il en soit, aux élections de 1848, l'abbé Cohadon, et parce que le salut de la société demandait alors le concours de tous et parce que la faveur populaire dont il était en possession à Riom et dans le département lui donnait le droit de le faire sans présomption, se présenta aux suffrages de ses concitoyens. Il ne fut pas élu; mais il approcha beaucoup du nombre de voix nécessaire pour l'être. Je ne sais s'il était doué de l'esprit politique, ni s'il eût réussi à une tribune si différente des chaires de nos églises ou de nos écoles. Ce que je sais, c'est qu'il eût été immanquablement un membre laborieux, éclairé, dans les commissions, et partout un ami déclaré de l'ordre, de la liberté et de la justice.

Il passait, je dois le dire, pour un peu frondeur. La vérité est, qu'au fond il était pour l'autorité; il la respectait même quand il était en désaccord avec elle. Je dirai plus, l'autorité l'impressionnait presque outre mesure. Au passage de M. de Castellane à Riom, il y a quelques années, je l'ai vu saisi devant le vieux maréchal d'une émotion dont la profondeur est encore pour moi un sujet de surprise. Evidemment, ce n'était pas de la crainte; c'était l'idée du pouvoir, le respect du commandement. Vers ce temps, une curieuse pensée se jouait, si je puis m'exprimer ainsi, dans son esprit. Les académies venaient d'être remaniées, on en avait confié un petit nombre à des ecclésiastiques. S'abandonnant à l'idée que dans les années à venir il lui resterait peut-être plus de force pour les travaux du cabinet et les tournées périodiques que pour l'action extérieure et quotidienne de la vie des cures, il me confia qu'il serait bien aise de rentrer dans l'Université, pour y mourir recteur. Il était entré à l'Académie de Clermont le même jour que M. de Parieu, à cette date intéressante des Annales de cette Compagnie à laquelle un homme qui devait avoir de si grandes destinées se présentait à ses suffrages sous le nom de Rouher jeune. Comptant sans doute sur la confraternité académique, il adressa pour sa réintégration dans l'Université à M. de Parieu, devenu ministre de l'instruction publique, une demande qui ne put aboutir. Le monde des lettres lui avait cependant des obligations de toute nature. Parmi ses pauvres, il comptait jusqu'à des poètes.

Dans une lettre venue du Puy, je lis ces singulières lignes : « Je vous remercie de l'envoi que vous me fîtes il y a un mois. Votre charmante lettre finit en m'assurant la continuation de votre généreuse aide. Dans ce moment, vous pouvez le croire, j'ai grandement besoin que vous m'assistiez, attendu qu'il me faut payer une somme assez considérable chez mon imprimeur. S'il est dans votre intention de m'envoyer un mandat, vous pourrez me le faire parvenir adressé, comme le précédent, à M. Clet, imprimeur au Puy. Je lui dois 23 fr. à cet homme, mais j'attends 10 fr. de ma mère, lesquels réunis aux vôtres ne laissent plus que 3 francs de dettes. » Bien lourde dette pour un poète, Messieurs ; car il ajoute, par *post-scriptum*, si vous pouvez m'envoyer 10 francs ! mon Dieu ! que je serai donc aise ! J'ai confiance en votre bonté.

En 1859, alors que s'avançaient les belles restaurations du transsept et du clocher de son imposante église, dont le chœur avait déjà été réparé dans les premières années de son administration, une hyperthrophie du cœur se déclara ; sa robuste constitution arrêta longtemps les progrès du mal. De longs mois, des années même s'écoulèrent pour lui dans la souffrance, l'insomnie, et, il faut le dire aussi, dans la plus grande affliction morale. Trop ami des livres, et, si je puis l'ajouter, ami des pauvres jusqu'à l'excès, dans l'exercice de la charité comme dans la recherche de la science, il avait été intempérant, et sans y prendre assez garde, il s'était lui-même trop appauvri. L'expiation fut cruelle. Il mit en vente, au moyen d'une loterie, à la tête de laquelle vint se placer pour sa consolation un groupe d'amis et d'hommes considérables, cette vaste bibliothèque qui avait été sa passion, ses délices, et sur la valeur de laquelle il avait trop compté. Sa constance fut au niveau de ses douleurs. Il était calme, ne laissant échapper aucune plainte. Le mal empirant, on dressa un autel dans sa chambre pour y offrir devant lui le saint sacrifice. Il y reçut le divin viatique, gage des miséricordes de l'infinie bonté. L'intérêt et la sympathie publics l'entourèrent jusqu'aux derniers moments sur son siége funèbre, et quand il eut fermé les yeux, le deuil fut général et profond.

Ce deuil venait de sa bonté, de ses aumônes, des services qu'il avait rendus. Il n'avait pas été seulement un homme d'esprit; la bonté chez lui s'associait à l'intelligence. Il s'était intéressé à la faiblesse, au malheur. Il avait été pour les petits surtout d'une remarquable indulgence, supportant admirablement leurs torts et presque leurs injures. Il aimait, passez-moi le terme, l'agrément des mots malins, mais son cœur ne connaissait pas la malignité. A l'occasion, il étonnait par ses prévenances, ses attentions, sa délicatesse. Pour moi, je l'ai trouvé ennemi des émulations de clocher, voisin commode et collègue courtois.

Devant vous, Messieurs, il n'est pas besoin de résumer cette notice : elle vous vient bien tard. Mais les morts de votre Société ne vont pas vite dans l'oubli, et tout ce qui concerne l'abbé Cohadon, vous est encore présent. En demandant que part soit faite, bien entendu, à l'exagération oratoire, il ne vous coûtera pas, j'en suis sûr, de dire de lui ce que la bibliothèque générale de l'ordre de St-Benoît disait de Génébrard : *Præclarum ecclesiæ et litterarum sidus.* Je finis en lui laissant à lui-même une dernière fois la parole. L'éternité de Dieu, Messieurs, est l'espoir de l'immortalité de l'homme. A côté du linceul qui recouvre depuis quatre années la froide dépouille de Léger Cohadon, je dépose, comme le symbole et l'espérance de son âme vivante, ces stances écrites par lui au jour de sa mortalité.

I.

Ligne qui jamais ne commence,
Ligne qui jamais ne finit,
Anneau dont la circonférence
Toujours s'élargissant, s'enfuit.
Lointain qui n'a point de limite,
Dans le vague, effrayant orbite,
Océan sans bords et sans fond,
Eternité, rive terrible
Antre sombre, gouffre invisible,
Je tremble en prononçant ton nom.

II.

Le temps a donc volé sans cesse,
Le temps volera donc toujours?
Il fut, il est, sera, se presse,
Sans naître et vieillir dans son cours.
Ah! qui donc lui donna ces ailes,
Dont les plumes sont éternelles?
Problème et calcul superflus!
Ah! comment concevoir un être,
Qui n'a jamais commencé d'être,
Et dont le vol ne finit plus.

III.

Fleuve, dis-moi quelle est ta source?
Dis-moi donc quelles sont les mers
Où tu termineras ta course?
Plus j'y pense et plus je m'y perds.
Mon esprit te suit sur tes rives
Que je vois toujours fugitives
Dans un horizon de vapeur.
Il n'est donc au bout de ton onde
D'abri pour ma nef vagabonde,
Que dans le sein du Créateur.

Clermont, typ. Ferdinand THIBAUD.